子どもの造形表現のプロセス

プロセス

子ども美術文化研究会

自然素材との遊びと絵

郁洋舎

目次

なぜプロセスを見るのか　まえがきにかえて　3

基本的な考え方と保育姿勢　4

遊び＝造形活動のプロセス　10

絵の制作のプロセス　122

１年間の絵のプロセス　170

本書までのプロセス　あとがきにかえて　174

実践記録提供施設　175

なぜプロセスを見るのか　まえがきにかえて

　本書は、保育園・こども園の生活における、子どもの遊びとしての自然体験や造形活動、絵の制作活動のプロセスをまとめたものです。

　子どもたちは常に、「もっと!」と遊びの続きを求め、次の画用紙を求め、造形と絵を次々に生み出していきます。

　遊びにおいては、つくり出された造形作品や拡がり深まった痕跡を見るだけでは、子どもがどのような想いで、創意工夫を重ねたのか見落としがちです。しかし、捕ってきた虫の住処を砂場につくりだし、その住処に自分たちも入り込もうと発展したプロセスを注意深く見ると、愛する虫と一体化したい子どもの心を具体的に感じることができます。

　絵においては、描かれた画面上の筆致やストローク、色彩、面や形、構成を見るだけでは、子どもの心を十分に読みとることは難しいです。しかし、絵ができあがるまでのプロセスを見ると容易に読み取れます。例えば、昼間の遊びを白色や黄色で描いて、夜の迎えを黒色で一面に塗り、夜が明けても遊ぼうと思いを馳せていることが想像できます。

　こうしたことから、本書では、子どもの表出や表現にとって大切な自然体験や自然素材との遊びの中で、閃きやアイデアを活かしながら子ども独自の世界をつくり出す造形活動のプロセス、そして、そうした体験を基に、心を解放し主体的イメージを膨らませ生み出す絵のプロセスを紐解くことを試みました。

　造形活動であれ、絵の制作であれ、子どもたちは何かを感じることによって表出、表現がスタートしています。そして、表出、表現することによって新たな感情が湧き、より表現を深めていこうとします。子どもたちの表現を深めていく螺旋状の創造プロセスは、子どもたちのいのちが輝くひとときであり、生きる喜びがあふれています。その結果として生み出された世界は、存在感があり迫力があります。

　多くの保育、教育の活動においては、造形活動や制作活動は、作品の出来栄えに目が向けられたり、子どもが自らの感性で自由に主体的に表現する環境が十分に用意されなかったりしています。自然体験、自然素材による造形活動、絵の制作等の造形表現のプロセスに注目することによって、子ども独自の表現に気づき、また表現の源にある心と身体を躍動させることの重要性が理解できます。

　同時にこのことは、今の保育・教育の現場へのするどい問題提起であることに気づかされます。能力の獲得や成果ばかりを重んじ、遊びと生活までもが設定された育ちの目標に向かうための手段となっています。造形表現とそのプロセスに目を向けることは、人間の育ちの基本的なあり様を示し、明らかにします。

　本書が、子どもの造形表現および表出、表現全般について、共に学び、深めるために役立つことを期待しています。

基本的な考え方と保育姿勢

　どのようにしたら、子どもたちが生き生きとした創造性あふれる遊び＝造形活動や絵の制作に取り組めるのでしょうか？

　年々、子どもたちの描く絵から、創造性が弱まり、概念画が多くなっており、創造的な絵を生み出す支援・指導のあり方が各方面で模索されています。子どもを主体とする保育改革に始まり、制作時の具体的な寄り添い方、共感のあり方等々さまざまに試みられていますが、確かな手応えがありません。テーマを決めずに自由に描いても、消費文化や情報メディアなどの影響をもろに受けた概念的イメージで描いた絵がたくさん見られます。

　創造性の塊ともいえる子どもたちが創造性を失っている。それは、子どもたちが育つ現代生活の中で、原体験が欠けているからではないのか。そのように考えて、私たちは「豊かな原体験を子どもたちに」との思いから、自然体験、自然素材との遊び＝造形活動に取り組むことを、保育の重要な柱にしたのです。

　消費文化と情報メディアが絡められた環境で遊ばされている現代の子どもたちの実態に目を向け、子どもが主体となって取り組む自然体験、自然素材との遊び＝造形活動を重視し、その体験を生かす絵の制作等、造形表現を深める研究実践を積み重ねて来ました。そのことによって、今まで目にしたことのない創造性あふれる力強い、色彩豊かな多様な絵を目の当たりにすることができました。

　私たちは、基本的な考え方として5つのキーワードを深め合ってきました。また、子どもを主体とした基本的な保育姿勢として3つのキーワードを共有してきました。

　この基本的な考え方、保育姿勢を踏まえた上で、子どもの造形活動や絵画制作のプロセスを見ていただきたいと思います。

基本的な考え方

1. 子どもは小さな原始人

　ドイツの生物学者ヘッケルは「個体発生は系統発生を繰り返す」といっています。また、フランスの発達心理学者ワロンは「行動の出現の順序は進化の出現の順序」といっています。受胎した一粒の生命は、10ヵ月余りをかけて胎内で育ちます。胎内で30数億年にわたる脊椎動物の進化の過程をたどり、古生代の魚類（4億年前）から哺乳類初期に進化して、人間と

して誕生してきます。誕生した人間は24歳をめどに、人類500万年の歴史を追体験して成長していくように仕組まれています。とするなら、幼児期の子どもは原始時代に生きていることになります。

　人類の歴史を追体験して成長していくという捉え方は、子どもが小さな原始人と例えられるだけではなく、子どもの生活、遊び、造形活動、表現活動を理解していく上でとても重要です。子どもたちの表現を見ていると、人類が獲得しているさまざまな表現方法を駆使していると考えられるからです。

2. 好奇心の発揮〈感覚総体としてのリアリズム〉

　まず、自然に目を向けて、外界を刺激として感じる機能〈眼（視覚）、耳（聴覚）、皮膚（触覚）、鼻（嗅覚）、舌（味覚）〉の五感の働きを大事にしたいものです。大人はそれぞれの機能が独立して働いています。例えば、視覚を働かせれば、ものや出来事の大概を認識できます。しかし、子どもたちは5つの機能が合わさって、ものや出来事を認識していきます。5つの感覚が総体となって働くのです。見て、聴いて、触って、匂いを嗅いで、舐めてみて、ものを認識していくのです。このような感覚総体としてのリアリズムを経て、9歳前後になると、それぞれの機能が独立して働くようになります。それにあわせて、感情もできあがります。

　精神分析学の創始者であるオーストリアの精神科医フロイトの言葉「自我は究極的には身体的な感覚、主として身体の表面に由来する感覚から生まれてくる」は、肌、皮膚の触覚が特に重要だと指摘しています。危ないことは避けながらも、子どもの好奇心の赴くままに取り組ませたいものです。

3. 感性を開く〈センス・オブ・ワンダー〉

　原始時代に生き、人間としての生きる基礎・基本を育む時期の幼児たちは、命・遺伝子のふるさとである自然との出会い、関わりを深めて、脳の回路を開いていくことを望んでいます。豊かな自然にふれると気持ちが晴れ晴れとします。自然が私たち人間の命のふるさとだからでしょう。自然に抱かれて、水、砂、土、木、石、動植物など自然素材で遊べる保育環境が求められます。

　人間は宇宙、自然を小さくした相似形だといわれています。また、宇宙、自然の外なる秩

5

序と人間の内なる秩序は同型性だといわれています。人間は宇宙、自然の営みとの出会いによって、人間としての身体装置ができあがっていきます。私たちの遺伝子・秘められたカリキュラムに、その設計図は組み込まれていて、外の自然との出会いが内なる自然を創造していくのです。

　具体的には、自然に抱かれる体験は、五感を全開で機能させて自然の中にある、色、形、音、匂いを感じ取って、不思議だという身体的感覚を目覚めさせます。環境問題を告発したアメリカの生物学者・レイチェル・カーソンは著書『センス・オブ・ワンダー』で、子どもたちの感動を分かち合って共感してくれる大人が少なくとも一人、その側にいる必要がある、と説いています。豊かな感受性（感じること）が土壌となって、出会う事実（知ること）の一つひとつが種子となって大きく芽吹いていくのです。

　まず、感じること、土壌をつくることが大事です。昼間の太陽や光、熱、そして夜間の月や星、闇等はいうに及ばず、空気、影、温度、湿度、動植物の命などとの感動的な出会いが豊かな土壌をつくります。また、水、砂、土、木、石などとの遊び、火の体験など自然素材と関わっての遊びも豊かな土壌をつくり、創造的な遊びから獲得する"知"は種子となります。

4. 脳の回路を開く〈ふるさと体験期〉〜造形活動

　自然素材は、無限の可能性を秘めています。自然素材との関わりは、さまざまな遊びを自らが発見し、拡げ、深めて発展させていきます。このような自然素材との遊び＝造形活動では、今日の私たちの生活に至ったプロセスの一断面を見せてくれることが多くあります。石を円形に積みあげていく遊びにおいても、うまく積みあげていくために、程よい土で補強していくなど、私たち人類が竈（かまど）をつくりあげて生活してきたことを思い出させてくれる遊びです。他に挙げれば切りがありません。

　そして、人類が常に力を合わせながら生活を高めてきたように、子どもたちも、遊びを発見し、拡げ、深めて自分なりに自信をもてば、友だちに語りかけ、共に遊び合い、より創意工夫に満ちた大きな遊びを展開していきます。共に育ち合い、人間関係を構築する力、社会性を身につけていきます。

　私たちは、このような自然素材と関わる遊び＝造形活動を「行為による造形活動」、「状態による造形活動」、「配置・配列による造形活動」、「構成による造形活動」、「場による造形活

動」の５つに分類して、子どもたちの何らかの行為から意識的造形活動まですべてを表現として捉えてきました。とくに、０・１歳児の子どもたちの造形活動を「行為による造形活動」、「状態による造形活動」として見逃さないようにしています。２歳児からは共に遊び育ち合う姿として、遊びの発見、拡がり、深まりの把握に努め、「配置・配列による造形活動」、「構成による造形活動」、「場による造形活動」を大事にします。そして、造形作品については、明らかに作品といえるものだけでなく、遊びの痕跡も造形作品として捉えます。

　こうした自然に抱かれる体験、自然素材による子どもたちの遊び＝造形活動は、長い歴史のなかで人間が手に入れたものに、今、生きる子どもたちが自分なりにフィットさせて、独自の楽しい世界を展開します。このような姿を見ていると、幼児期の子どもたちは、ふるさと体験期、個の独立期に生きていると実感できます。

5. 絵的思考のなかで生きる子どもたち〜絵画制作

　人類が絵から文字をつくり文字的思考で生きるようになったのは、つい最近のことです。長い歴史のほとんどを、文字をもたずに絵的思考で生きてきました。語彙も少なく、文字を持たない子どもたちは、まさに絵的思考の中で生きています。すべての子どもたちは絵を描くことや、自然素材でいろいろなものを創り出すことが好きです。というより、絵を描くように、ものを創り出すように仕組まれているのです。

　文字的思考は、論理を積みあげ客観性を求めます。絵的思考は、直感で自分を前面に出したり引いたりします。子どもは、絵を描いたり、自然素材でものを創り出したりする造形活動に取り組みながら友だちと関わり、人間関係をつくる基礎を身に着けていきます。

　子どもは遊びや生活の中で感じたこと、考えたこと、知ったことを絵で伝えようとします。その絵には子どもの個性や性格までもが反映されています。早い場合、生後８〜９ヵ月を迎えれば、絵の具を手や体に塗ったり、身のまわりや画用紙に点などを打ったりします。点から多様な線を描くアクション画を描き、３歳になれば自分と家族、友だち、モノなどの関係を示すシンボル的な絵を多く描き、４〜５歳になれば自然や身のまわりを構成した抽象画や何を描いたかが分かる具象画など多様な絵を生み出します。

　絵的思考の中に生きる子どもたちの色彩感覚も"絶対色感"と呼ぶにふさわしく、色感の退化した大人たちよりも優れています。８〜９ヵ月から色の好みを示し、２歳になれば白、黒、

そして白の仲間として暖色を、黒の仲間として寒色を捉え、4歳になれば混色を見極めることができます。幼児は生理色を、5歳になれば概念色を、大きくなれば固有色を用います。

　自由画では、①テーマを与えない、②技術指導はしない、③見守り寄り添い認めて励ますことを原則としています。子どもが描きたいときに描きたいように、自らがテーマを決め、創意工夫によって、独自の表現として生み出す絵が大切です。この自由画をもとに、絵的思考の中で生きる子どもたちの育ちと心を読みとって、子ども理解を深めたいものです。

基本的な保育姿勢

1. 待ちの保育姿勢

　子どもの特質に沿った、子ども主体の保育を進めるためには、自然を重視した環境構成などとともに、保育姿勢が最重要です。多くの大人は、子ども時代を大人になるための準備段階と捉え、"小さな大人"と考えがちです。また、子どもは何も知らないしできないのだから教えないといけないと思いがちです。しかし、子どもたちは、大人になる道筋、生きるために必要な事柄のすべてが記された「秘められたカリキュラム」を持って生まれてきます。「秘められたカリキュラム」が宿るDNAは4文字で書かれ、千頁の本が千冊分になるといわれています。一人ひとりがそれぞれに授かったものですから、世界でただ一人が持つたった一つのプロセスです。一人ひとりが異なるプロセスは、自然・宇宙からの豊かな情報によって書きあげられていて、適時に自らの力で開いていくために、子どもたちは好奇心を充溢させて、何事にも意欲的に取り組みます。

　子どもの好奇心と意欲を十分に発揮させるためには、子どもの精神を解放し、すべての面で子どもにまかせる〈待ちの保育姿勢〉が基本になります。待ちの保育姿勢で、子どもの特質に沿って、自然に抱かれる環境、豊かに自然素材が準備された環境を整え、生活＝遊び＝造形活動の認識のもと、子ども自らが遊びを発見して、拡げ、深め、共に遊ぶ姿に共感して励ましていくのです。

2. 観派の保育姿勢

　子どもを解放し、自由の中で、子ども一人ひとりを大事にするためにはどうあるべきなの

でしょうか。大人は、個性の尊重と言いながら、「このような子どもはいい子だとする像」を描いてしまっています。多くの保育・教育現場では目指すべき子ども像が掲げられています。大人の意識から「いい子」の像を消し去らなければなりません。

　一人として同じ子どもはいません。一人ひとりの子どもを理解するためには、像を描かず、その子どもにしっかりと寄り添い、その子の感じること、望んでいること、物事の捉え方などを理解しなければなりません。そのためには理想と思い込んでいる像を描く"像派"から子ども一人ひとりに寄り添う"観派"に転換しなければなりません。像を描かないと決めて臨んでいても、私たちの中には像が潜んでいて顔を出してきます。子ども一人ひとりを肯定的に深く理解する〈観派の保育姿勢〉を確かなものにする努力を日々続け、子ども一人ひとりの表出、表現に共感できる確かな力が求められています。

　人間の価値は国家有用、社会的実用の尺度だけではありません。観派の保育姿勢に徹すれば、社会的規範を当然視した自らの中に存在する教育論と決別することができ、国家、民族、男性、女性、健常者、障がい者、大人、子どもの垣根を取り除いたフラットな社会、真の共生社会に生きる人権意識の高い保育姿勢を獲得することができます。

3. 個々の感性を大事にする保育姿勢

　子どもが子どもとして生きて、表出、表現する4つの表現活動、身体、音、言葉、造形のなかでも、遊びと一体化している造形表現は、子ども自らが生み出す子ども文化として、大事にしなければなりません。そのためには、造形表現の基となるその子どもの感じたこと、感性をしっかりと受けとめることです。感性は個性的な精神作用です。

　子どもたちは、感じることから表出、表現に向かっていきます。表現することによって新たな感情が湧き、表現を多様に深めていきます。このように、子どもたちは螺旋状に表現を深めていきます。〈感性による全人間的な尺度を持つ保育姿勢〉で、共感し、寄り添い、支援・指導していかなければなりません。大人が美しいと感じたものを、美しいものとして教えてしまい、子ども一人ひとりの精神作用を侵す場合が多々あります。

　子ども文化は3つあるといわれています。子ども自らが生み出す文化、子どものために大人がつくる文化、伝承されてきた文化。いずれの文化にしても、子ども一人ひとりの感性にとって、何が適しているか常に問わなければなりません。

遊び＝造形活動のプロセス

　この章に掲載する110例の遊びのプロセスは、子どもの遊びをタイミングよく写真に撮ることができたものです。保育者は常にカメラを手にしているわけでもなく、また、手にしていても子どもの動きに共感して、シャッターを押し忘れ、後悔する遊びがたくさんあります。

　これらの遊びは、環境の準備や保育者による寄り添いがあっても、子どもにすべてをまかせる自由な遊びの中で、子ども自身が自ら遊びを発見し、拡げ、深めていったものです。

　便利で豊かな現代の生活は、自然体験や自然素材との遊びを奪い、子どもたちに必要な今の生活に至るプロセスを遊びとして体験する機会をなくしています。そして、子どもたちから主体的なイメージをも奪って表現が概念化してきています。そのような生活の中で生きる子どもたちが集う保育施設では、原体験を重視する役割が求められています。

　自然にふれる園外保育、散歩保育はもちろんのこと、無限の可能性を秘めた自然素材、水、砂、土、木、石等を園庭に十分に配置・整備します。子ども主体の待ちの保育姿勢で、子どもたちに自由を与え、心を解放します。本来の姿を取り戻した子どもは、自らの力で創意工夫を重ね、自分たち独自の世界をつくりあげていきます。

　0〜1歳では、園庭に身を置けば、まわりの自然素材に興味をもって、触ることから遊び始めています。水、砂、泥土、土などでは、触って、素材の可塑性を楽しみ、慣れてくると体全体を使って挑んでいます。また、土を積みあげて大きな塊をつくっています。精神的抑圧の発散を願ってのフィンガーペインテングでは、泥土や板の準備をして、体験させています。また、風や影の不思議さに気づく姿も見られます。

　2歳になると、体全体を使って土に挑み、団子などの塊をつくり出します。また、板や木に土を塗りつけています。そして、木や石とも関わり、水と石、土と木、土と石、土と草花など2物を関係させています。深めれば、木、砂、石や木、砂、草花、また木、土、草花など3物を関係させてイメージするものを友だちと共につくっています。木の姿や太陽などとも自分と関わらせて自分の中に取り入れようとします。また、影においても自らが踊る姿で関わっています。

　3歳になると、自然素材の特性を生かし、2物、3物を関わらせながら具体的なものをイメージして装飾します。また、家づくりなどに取り組み、板を並べて住処として、次いで木を立て、バランスを考えるなどして徐々に大きくなります。クラスや班の活動のためにあらかじめつくられた集団ではなく、その遊びに興味をもった友だち同士が集まって主張し合い共に育ち合う姿が顕著になります。お互いに好奇心を高め合って、本格的な探索活動も始まります。

　4歳になると、素材の質の違いにも関心を

寄せ、素材の特性を生かし、ものをつくったり、使ったりして、そのものを円形や方形に並べる幾何学的構成を試みます。そして、その円形や方形の中に入り込み、異空間を楽しみます。また、つくった多くのものを数えて、並べる配置・配列の構成も多くなります。日常生活での体験から具体的に様々なものに見立てる遊びも盛んになります。自分とものとの関係からものの特性を体で理解しようと様々な試みに挑戦し、科学的思考活動が強まります。

　5、6歳になると、誰か一人で始めた遊びがおもしろそうな展開を見せれば、友だちが寄ってきて、一挙に遊びが拡がります。そして、お互いの意見が生かされて創意工夫が重ねられて、スケールの大きな空間を有する造形活動の痕跡＝作品が生み出されます。まさにランドアートと呼ぶにふさわしい作品です。また、ナスカの地上絵を想起させる地面や場を生かした大きな地上造形、そして、ロックバランシングにも取り組みます。一方では、素材に適した新たな手法を見つけ出し、確かな形を丁寧につくり出します。また、生活体験と密着して、開墾、焼き芋、クッキーづくり、色水づくり、そして、鳥の巣づくり、生き物の住処づくり、温泉づくり、自分たちの家づくり等に取り組みます。「世界の再現を創造」しているのです。時には友だちと手を取り合って、1週間余りにわたって継続される取り組みも見られます。家づくりも木の積みあげから柱を立てる構造へと進化していきます。独創的な遊具づくりも常に見られます。自然体験では、草花や水の中、あるいは藁の中で心を解放し、土手で視界を拡げ、浮遊する落ち葉を追うなど心と体を一体化させています。

　どの年齢の遊びにおいても、最初はひとつの行為から始まります。そして、その行為を誇らしげに伝えたいとする子どもたちは、少しの距離をもって見つめる仲間や大人に共感を求めてきます。「いいね」のサインを受け取り、自信をもって次の段階へと進みます。

　遊び＝造形活動のプロセスを追って見ながら、目を輝かせ生き生きと力強く遊び、明日も続きをするからと言い残し、朝早くから勇んで登園し、仕事をするように遊び込む子どもたちの姿を想像してください。

　これらのプロセスは、小さな原始人である子どもたちにとって、自然、自然素材は何物にも代え難いものであることを示しています。

　自然体験や自然素材が重視される環境の中で、子どもが子どもとして生きて、やりたい時にやりたいように、子ども自らが取り組む遊び＝造形活動の姿は、造形表現活動の本質を如実に物語っています。

触る、見る、ちぎる

神社へ散歩に行く

落ち葉をもって触り、見る

口に入れようとする

落ち葉を集めて、ちぎったりして遊ぶ

両手で円を描く

砂場に座る

砂の中で手を前後に動かし始める

左右に大きく手を動かし、線ができると「おっ」と言う

2、3回すると満足して気になる方へ視線を向ける

顔までつける

泥の水たまりに入り、座る

手桶を持ち、水たまりに立つ

四つん這いになり、地面を見る

おでこを水たまりにつける

四つん這いのまま、顔全体を水たまりにつける

手の跡をつける

水に手を入れて触る

手のひらにとって握る

体を倒しながら土を握り、感触を確かめる

残った水の中に土を入れる

こぼしたトロトロになったところに前のめりになる

手を引いて手の跡がつく様子をみる

なびく葉、感じる風

友だちの遊びに興味をもち近づく

友だちが同じ葉っぱを採ってくれる

葉っぱを頭にのせて遊ぶ

葉っぱを風になびかせて遊び風を感じている

風が気持ちよくて、心地いい時間

今度は立ちあがり、風に当てる

はがす、裂く

丸太の皮に気づく

皮をはがそうとする

立ちあがって力を入れてはがす

2枚にさく

はがれた皮を手に持ち観察する

更に2枚にさく

フィンガーペインティング

泥土

タライに泥をつくると、興味を示し感触を味わう

板の上に泥を移動

全身を使って泥を広げようとする

塗り広げることで、指の線ができる

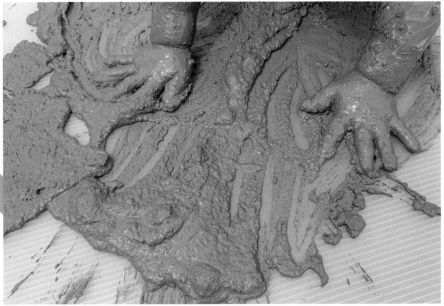

塗る

クリーム状の土を見つけ感触を味わう

土を板に塗る

丸太の側面にも塗る

新しい板を運び、塗る

土を腕や首に塗る

再び手にとり、感触を味わう

指を刺す、叩く

赤土に指を刺す

指を刺してできた穴に気づく

穴を手のひらで叩く

混ぜたり叩いたりを繰り返す

手の跡をつけるかのように叩く

光と影に自分をみつける

光を背にして、両手を広げる

指を広げて動きを見る

髪に触れると、髪の影ができることに気づく

不思議〜！という表情で保育者を見る

近づき、影に触れてみる

離れて見る。影の大きさが変わることに気づく

積みあげる

軟らかい土を叩いて塊をつくる

塊を大きくする

塊に石をさす

周りに土をつける

大きな塊を上にのせる

登ってすべる

高くなっている砂の山を、手足を使って登る

友だちも一緒に登る

上からお尻ですべる

お尻ですべった跡ができる。「すべり台」と言う

すべり台を楽しむ

ひっぱる、転ぶ、寝転ぶ

木の葉っぱに気づく

引っ張って葉をとろうとする

反動で転んでしまう
転ぶのがおもしろくて繰り返す

枝を持ち、力を入れて引っ張る

草の上に寝転ぶ

刺す、折る、立てる

木の枝をとりに行く

砂場に座り、持ってきた枝を砂に刺す

足を使って枝を折る

手を使って折ろうとする

再び、枝をとりにいく

「たんじょうび」と言い、折った枝を砂に刺す

「できた」と一言

置く、動かす、並べ替える

石、土

近くの石をテーブルにのせる

小さな石を土の上で走らせるように動かす

違う石を少し離れたところに置く

さっき並べた石を動かす

石を全部動かして並べ替える

石の並べ替えを楽しみ、動かした石の痕跡を見つめる

4つの素材を合体

赤土を足で踏む

木で平べったくする

その赤土を運び次は飾り付けが始まる

葉っぱをのせる

砂や花を飾って完成

包む、飾る、並べる

土の塊を葉で包もうとする

木材の上に葉を敷き、土の塊を置く

他児も加わり、土団子をつくる

シロツメクサを摘む

土団子に、シロツメクサを装飾する

見あげた木の姿が手足を動かす

寝転んで空を指差す

見あげた先は木がある

両手両足を開いて閉じる

勢い強く開いて閉じる

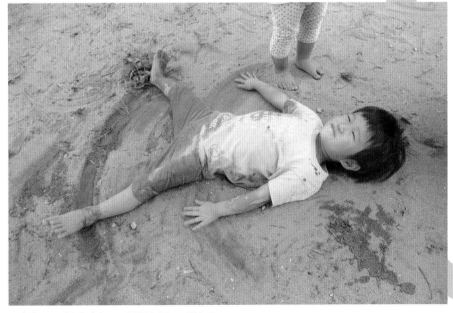

一度立ったがまた寝転んで両足を開いて閉じる

起きあがると模様ができていた

木の幹を土で巻く

テーブルの上の赤土を、手でたたいたり、指で穴をあける

後ろの木に土をつけると、くっつくことを発見

友だちと一緒に次々くっつけていく

別の友だちも加わり、たくさんくっつけて楽しむ

水の手形を重ねる

水、石

出てくる井戸水に触れる

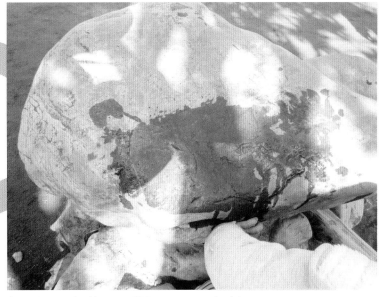
自分の濡れた手で触った石が濡れていることに気づく

再度、手を濡らす

再度、手形をつける

繰り返し手を濡らす

手形をつけることを繰り返す

木の板に炭で描く

炭、木

炭を見つけてくる

木に炭で描けることを発見

左手に持ち替えて描く

隣の友だちを見ながら描く

違う木に力強く描く

太陽のリンゴを食べる

赤土を丸める

リンゴをつくる

空を見あげ、大きなリンゴを連想する

口を大きく開けて、太陽のリンゴを食べる

バンザイをしてみる

ぐーぱーしてみる

こんなポーズ

同じ形を喜ぶ

踊ってみる

塗り広げる

トロトロの土をとりに行く

テーブルの上で土を伸ばす

屋根に塗り広げていく

塗る行為を楽しむ

屋根の内側にも塗って楽しむ

立てる、並べる、置く

並べる

積む

角材の上に板をかけていく

板の上に石をのせていく

平面の家をつくる

大きい子の家づくりにヒントをもらい、木を集める

長い板を4枚並べてベッドにする

くつを並べて玄関をつくる

キッチンをつくる

板のベッドに寝る

板を叩いて演奏する

描いた線上に小石を並べる

後ろから前へ小石を並べていく

視線を変えて隙間に小石を敷き詰めていく

友だちを真似て地面に線を描く

線の上に石を並べる

最後まで丁寧に並べていく

身体全体で大きく描く

棒で砂の地面に丸を描く

丸がどんどん大きくなっていく

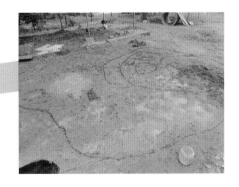

お父さんがゴリラをやっつける話を語りながら

型を抜く、飾る

砂、竹筒、草花

竹筒を押し当てて丸の型をつける

丸の中に花や葉っぱを置く

丸の型を増やす

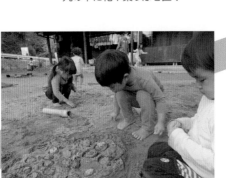

友だちがケーキをイメージして、周りの砂を固めて形づくる

枝をロウソクに見立て、ケーキを完成させる

友だちとケーキを切り分ける

ロウソクを吹き消す

井型に積む、石を中に落とす

角材を並べその両端に角材を置く

角材を縦横交互に載せる

角材を井形に積みあげる

石の落ちた位置を確認しながら落とす

積みあげた中に石を落とす

友だちと一緒に石を落とす

広がる四角構成、石・砂で強調

板、石、砂

板をバランスをとりながら置く

斜面にも板を並べて四角い枠を増やしていく

友だちと、大きく長く横にも広げていく

石を敷く、砂を敷く

石に気づき四角い枠の中に入れる

できあがった作品を友だちと見る

並べる、重ねる、見立てる

角材

木片を並べ始める

重ねて並べる

木片を運んで来る

続けて並べる

電車ごっこを楽しむ

フィンガーペインティング

トロトロの土をタライに集める

手がゆっくり沈んで見えなくなる様子を
見つめる

自分で土をすくってテーブルに移し、
フィンガーペインティングを始める

伸ばして集めるを繰り返すうちに、
線ができたことを見つける

体を大きく動かしながら滑ることを楽しむ

体をひねりながら大きな線を描く

しばらく遊んだあと土を集める
集めた土を使って指で描く

こねる、重ねる、飾る

両手で少しずつ水を加えながら土をこねていく

友だちと塊を大きくしていく

ぬるぬるの土を重ねながら大きく平らに伸ばす

近くの草を採り、飾りつける

素朴な草のケーキのできあがり

コスモスの花を刺す

コスモスの花を飾って、コスモスケーキをつくる

穴をあける、葉を立てる

土、葉

指で穴をあけた所に花びらを入れる

土団子をつくり、飾る

葉っぱをとりに行き、穴や周りに葉っぱを立てる

友だちと誕生会をする

影に見る実像

小枝にイチョウの葉を刺す

枝を揺らし、葉の影の動きに気づく

葉が自分の影に入ると見えなくなることに気が付く

小枝を揺らして影が揺れることを繰り返し楽しむ

テラスに影を映して動かす

葉の影が映ったり、影に入ったりするのを楽しむ

土の造形、葉と木の実の装飾

土、葉、木の実

土で丸い塊をつくり、周りに小さい団子を囲むように並べる

モミジの葉を見つけて挿して飾る

「赤い葉っぱがあった」と話しながら挿す

ドングリを見つけてきて飾る

土に石を埋め込む、のせる

土、石

年上の友だちのケーキづくりを手伝って、
一緒に石を飾る

次の日、昨日の赤土ケーキを見つけ、小石を外す

食べたことにした小石を木片にのせる

小枝を匙に見立てて食べる

赤土の上にも小石をのせる

裏側に回り、赤土が見えなくなるまで小石をのせる

殻斗を線上に並べる

砂の上の線をなぞり、円を描く

真ん中にどんぐりの殻斗を置く

線に沿って置いていく

楕円形の作品ができあがる

より大きい楕円を描き、友だちと並べる

友だちが増え、大きく描く

線の上に並べる

たくさん集めてきて、並べる

竹に土を巻く、板で構成

竹、土、板

持ってきた竹をトロトロの土の上に立てる

土を下から上につけていく

自分の顔の高さまで土をつけていく

その後も竹が倒れないように慎重に土をつける

手で支えなくても立っていることに喜ぶ

団子を重ねる、集める

板を並べてテーブルをつくる

釜土で団子をつくり、重ねる

「雪だるま」をつくる

雪だるまの家族をつくる

違う板にも並べる

丸太を立て、釜土の塊を整え、その上につくった雪だるまを壊し、塊につけていく

立てる、のせる、バランスをとる

木、石

木の板や丸太を組み合わせる

いろいろな形、大きさの板を使って広げていく

友だちと協力してつくる

積みあげる、飾る、祈る

角材、石、土

縦横のバランスを考え、背伸びをして積む

長い板を立てて囲み、自分の家をつくる

石を集めて入れる

左右の角材に神様、手前に団子を置く

友だちが覗きにくる

団子をのせた石を「神様よ」と言って、
棚にのせる

木を叩いて演奏する「本はここに片付けよう」と
言って小さな板を何枚も差し込む

木を組み合わせながら石や落ち葉など
を集めてきて飾る

組み合わせた空間の両サイドから友だちと顔を覗かせて楽しむ

砂山に穴。ドングリで飾る

砂山にどんぐりを埋める

友だちも来て飾っていく

砂山の側面に穴をあけていく

貫通した穴に「入るかな?」と足を入れて試す

両側から掘り、トンネルにする

橋を渡す

双子の兄弟で橋造りが始まる

手で高さを測り、高さの違いに気づく

反対側から挑戦。
下に木片を立てて支える

試行錯誤し考えるが、なかなかうまくいかない

小さい木片で高さの調整を思いつく

側で見ていた友だちも手伝いに来る

別の子も使えそうな木片を持ってくる

何回も失敗しながら、慎重に慎重に

絶妙なバランスで橋を渡す

明から暗へ歩む

竹の葉っぱを揺らしながら笑い声が響く

里山の中へずんずん歩いていく

葉をちぎり、揺らし、音を感じ、身体にまとわせる

暗闇の洞窟を発見する

静けさとひんやりした空気を感じる

トゲトゲした岩を発見「恐竜みたい」

「ここで神様が守っているんだね」
ひそひそと話が弾む

支点、力点、作用点

丸太の上の板に、石をのせていく

重さが均等になるように置き方を考える

人と石の重さを比べようと、
人がのった反対側に石を置く

板にのる役と石を運ぶ役を交代して試す

石1つでは板が動かず、もう一つのせようとする

ジャンプすると板が上下することに気づき、
石とシーソーごっこを楽しむ

石を増やしてもできるか、ジャンプして試す

カニの家、自分の家

穴を深く、長く、広く、掘り進める

カニを捕まえた友だちがやってきて、
カニの家づくりが始まる

掘ったところに、カニが逃げないように
板で壁をつくる

自分たちも入ってみたくなり、入ってみる

丸める、円をつくる、囲う

土に水を含ませ、混ぜる

土団子をつくり、並べる

さらに土団子をつくり、並べる

並べた土団子を数える

土団子を曲線状に配置する

中に入って遊ぶ

土団子を円状に配置する

丸める、増やす、数える、飾る

土、葉

2人の子どもが団子づくりをしていると、
友だちがどんどん加わる。「100個つくろう」

数を数え、形を見ながらつくり続ける

葉っぱや花が欲しいと、保育者と数名で
とりに行く

花を飾る

「葉っぱを皿にしよう」

4歳2ヵ月 他　べっぷ里山こども園　61

並べて泥でつなぐ

木片、泥

木片を円状に並べ、泥の塊を置き隙間も埋める

木片の上に、同じ木片を積む

積んだ木片が倒れないよう、泥を塗って積み直す

板を支え合うように立てる

別の友だちが泥を運ぶのを手伝う

友だちも見て真似をしながら積んでいく

中に入って遊ぶ

見立てたオーブンで焼く

木材で、枠をつくる

丸く模った土を、木材で囲い、蓋をつくる

オーブンに見立て、ケーキを焼く

もみじの葉をとってきて丸く模った土に装飾していく

木材を重ねてふたをしていく

木材を椅子にして、焼きあがるまで待つ

焼きあがり

石で固定、家づくり、装飾

角材、石、草花

板を立て、石を置く

板が倒れたので、角材に替え、
周りにいくつも石を並べ固定する

柱をもう一か所増やす

1つ、2つ、3つと柱をつなぐ

どんどん屋根の板を増やしていく

板をつなげ屋根にしていく

上にも屋根をかけていく

色んな板をバランスをとりながらのせていく

家に草花で飾りつけをし、さらに仲間を増
やし、ごっこ遊びが始まる

運ぶ、並べる、円の構成

石

石を運び、並べる

石を円状に配置する

円に配置した石の横に、石を並べる

近くにある石をほぼ使い切る

さらに石を並べる

別な場所から石を運び、並べる

石の囲いの中に入って遊ぶ

歳4ヵ月 他　おののもりこども園　65

板を埋めて立てる、石で囲う

板、土、石

土山に板を埋めて立てる

手で土を固め補強する

大きさが違う木材を立てる

石で板を補強する

石を並べる

石を並べて囲む

板や竹筒を抜き、空いた穴を土で埋めていく

木陰の家をつくる

友だちが気づき、仲間が増える

男の子が木の影に着目し、木片で囲い、家をつくろうとする

枝に木片を置き、エアコンに見立てる

影全体を木片で囲う

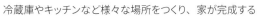

棒を鉛筆に見立て、大工さんの気分になる

冷蔵庫やキッチンなど様々な場所をつくり、家が完成する

投げる、くっつける、点・線を伸ばす

土、屋根

投げてくっつくことに気づく

三角屋根の板に赤土がくっつける

次々に仲間が集まり、道はいろんな方向へ広がっていく

「おもしろそう」と友だちがやってくる
道のようにつながる

三角屋根の端までたどり着き、完成

水を感じる、抵抗、光、音、冷たさ

大きく水を蹴ることを繰り返す

しぶきがあがるのを楽しむ

水の中に手を入れる

水の中にしゃがみ、体全体で水の抵抗を感じる

流れが手や体に当たる感覚を楽しむ

「飛んでる!」手を広げ、体や手に当たる流水の形を飛行機に見たてる

虫が加わり住処づくりに

土、虫、草花

4歳児が泥団子を並べ、トンネルをつくり始める

5歳児も捕まえたカナブンを持ってきて、一緒に遊ぶ

団子をつぶし、形態を変えて、増築していく

ダンゴムシやアリが遊ぶ様子を観察

虫が好きなところへ行けるように囲いに穴を開け、トンネルを増やす

「虫の公園をつくろう」と、公園づくりと虫探しの役割に分かれる

「ベッドがいる」
「ご飯食べる場所もいる」
公園から家に形を変えていく

「もっと花いっぱいの家にしよう」と飾る
虫を家の中に入れて、観察したり遊んだりする

水で描く、木の実で描く

椿でつくったご馳走を竹筒に移しかえる

ご馳走と水が竹筒にはいる

まぜていた棒で絵を描き始める

大きな板を斜めに立てかけ、
描きやすくする

友だちと並んで描き出す

木の実で描くと色が出ることに気づく

水の入っている竹筒も手に持ち、夢中になる

並べる、積み重ねる、広げる、構成する

石

一人の子どもが、石を並べて
いく

石を積み重ねて囲い、家をつくる

友だちが数人集まってきたので、重ねた石を下ろし、
みんなが一緒に入れるように、家を広くする

2日目。友だちと話し合い、隣にもう一つの家をつくる

途中で片方の家の囲いが小さいことに気づき、
両方同じ大きさになるよう整えていく

完成した家で、住む場所や役割を決め、おうちごっこを始める

踏む、つくる、一体化する

土、水

トロトロの赤土を素足で踏んで感触を楽しむ

手ですくって造形し始める

体もつくろうと、首をつくり始める

赤土山の側にトロトロの土を運び、顔をつくる

友だちも加わり、体がつくられてくる

顔に耳がつき、動物（猫）ができあがる

猫の完成図

自らの身体でも表現する

立てかける、重ねる、からめる

「テントみたい。」木を立てかけて喜ぶ

「もっと木を立てたい」

ほかの子どもが手伝い始める

どんどんテントらしくなる

協力してたくさんの木を運ぶ

横側にも木を差し込んで倒れないようにする

年中児の頑張る姿を見て、年長児が手伝いに来る

盛る、飾る、囲う、覆う

土、石、木、草花

丸太に赤土をのせて、塗っていく

ケーキにしようと言い、赤土の形を整えていく

飾りつけの花を探し、赤土にさしていく

周りを石で囲っていく

ケーキをまもる為の、木の囲いができる

雨をしのぐために板の屋根もつけていく

次の日もさらに飾りを増やしていく

囲う、掘る、共に広げる

水、砂、土、石

水たまりを石で囲み、入ってみる

温かい水たまりを温泉に見立てる

友だちを誘う

温泉が狭いと感じて、広げようとする

二人で水たまりの感触を楽しむ

友だちと協力して新たに石を周りに並べる

砂を掘り、バケツに入れる

完成してみんなで入る

転がる視点、回る世界

築山

強風にあおられるように築山を思い思い転げる

みんなで合わせて転げようとする

合わせて転げて、気持ちよさを共有する

前転して体感を楽しむ

混ぜる、泡をつくる、使う

水と混ぜると泡が出る木の実を採る

木の実の皮をむいて水と混ぜる

手でかき混ぜてみる

戸にぬる

石けんの泡のように手につける

泡風呂にみんなでつかる

水を勢いよく注いで泡を増やす

掘る、仕切る、分ける

砂場に穴を掘り、手で固めて
形をつくっていく

もう一つ穴を掘り、その穴とつなげる道をつくる

緑の葉っぱをちぎって、大きな穴の中に入れていく

色の違う葉っぱを見つけ、もう一つの穴の所へ、
黄緑の葉っぱを入れる

落ち葉も見つけ、色別に分ける

凹の型取り、溝に水、制御

土、木、水、砂、草

土を頭にのせて台に運ぶ

持ってきた土を木の棒で形を整え切る

土をもっと持ってくる

台の上にのって土を伸ばしていく

きれいに型どるため体重をかける

四角形を型どる

角材を土に押し込み三角形を型どる

たまった水を手ですくって
交代で運ぶが、なかなか
溜まらない

ペットボトルを見つけ水をくんでくる

角材を台のふちに置いて多くの水が
流れ出ないようにする

型から水が流れ落ちる出口をつくる

家づくり、クッキーづくり

1日目。木を積み、家をつくる

土と水を混ぜ合わせる

竹で泥を垂らし、クッキーづくりを試みる

2日目。クッキーを並べるため、木を運び、洗う

乾いたクッキーをはがす

家が店になり、クッキーを並べる

クッキーを並べるため、板を運び机をつくる

源流を探りながら

1日目。小川の流れや冷たさを感じる

「流される〜!」

2日目。川が山から流れてきているのを知り、川の出発点を求めて探検する

「葉っぱから水がたれてくる!」

葉っぱの揺れに気づき、虫を捜索する

竹がどこまで流れるのかを観察する

もぐらの住処をつくる、石で守る

砂、石

「もぐらの穴。」二つの砂山をつくり、穴をあける

もぐらの家にするために、砂の道をつくり、囲っていく

みんなに踏まれないように石を並べ、もぐらの家を守る

さらに石を並べていき、周りを囲む

周りにさらに石を並べて、もぐらの家を守る

浮遊に魅せられて

風で葉っぱが飛んでいることを見つける。
「あっちから」

築山の頂上から飛んでいる葉っぱと一緒に走り出す

「もっといっぱい飛ばそう」と落ち葉を集める

落ち葉を上に向かって投げ、一緒に走る。落ち葉とかけっこ

空に舞う落ち葉を見あげる

行為・構造の配置・配列

泥団子づくりから「パンケーキ屋さんにしよう」とつくっていく

できたパンケーキを板の上に並べ、近くにあった葉っぱで飾り付けをしていく

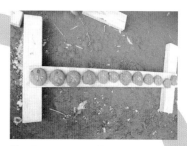

花を見つけてきて、飾り付ける

土台の板を長くして並べていく

2日目。「今日も100個つくる。」年長児も仲間に加わる

板を集めてきて、さらに長くしていく

二日間に渡ってパンケーキづくりを楽しんだ

地上絵になる

両手で砂を挟むようにして道をつくっている

大きい砂場からつくり出した道が長くなり、砂場を飛び出す

小さい砂場からも長い道ができていく

両方の道がつながる

二つの砂場をつなぐ長い道ができる

空に伸びる高さ

セイタカアワダチソウを持ちあげて「たかいだろ」と言い友だちと高さ比べが始まる

「わ〜空に届きそう」

空の高さを感じる

構造と体験の再現

固まっている地面を竹と石で崩す

竹を横に寝かし、泥を細かくする

泥と水を合わせる

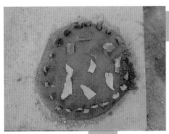

ピザが完成する

小さくちぎった落ち葉と松ぼっくりで、ピザの飾りつけをする

泥をこねて、ピザの生地をつくる

ピザを釜に見立てたせいろで焼く

ピザの窯を見たことがある子どもから「本物のピザ釜はそうではない」と意見が出て、石と泥で窯をつくる

ピザ窯で焼く

ピザ窯まで運ぶ

水、流れ、しぶき、音、光

大好きな川へ。上流に向かって、走り出す

手で受け水しぶきを触ってみる

順番に滝に打たれるように「修行ごっこ」が始まる

体で水の流れを感じ、思わず歓声があがる

開放的になり水の中に飛び込む

ひたひたの水で寝転んで休憩。水と太陽の光の対比を体で感じる

盛り土の構造、水の台座

ふたつの山をつくり、土と板を重ねる

水を流し、土手をつくる

板の上につくった団子に花をのせる

板を立てて土手をつくり、湿った土で土手を固める

サラサラの砂を流し入れる

しっかりとした土台ができ、さらに水をためる

新たな面の創造

石を縦に並べ、横に並べていく

いろいろな場所から石を集める

反対側も並べて長さを合わせる

石で四角の囲いをつくる

囲いの中に砂を入れていく

徐々に砂の面積が広がっていく

一輪車でさらに砂を運ぶ

寝転んで休憩する

囲いの中の面をすべてを砂で覆う

砂のない場所がないようにする

広がるレンゲに身と心を委ねる

れんげを摘む

畑をおもいきり駆け回る

寝転んで爽やかな気分を味わう

じゃれ合う

れんげをみんなで集めて花束をつくる

開墾、植え付け、灌漑、治水

土、草、水

硬い砂を備中鍬で起こす

畑をつくると聞いて友だちが手伝いに来る

3人の手で約4mほどの畝を立てる

根っこ付きのよもぎ、ハーブを植える

友だちが草花やハーブを植える

柿を植えるために種をとり出す

砂場で遊んでいた友だちが、砂場に溜まっている水を畑に送ろうと提案する

砂場からの水が流れるように細長い用水路を慎重に掘り進める

畝が崩れないようにゆっくりと水を送る

板を置き、隙間を砂で埋めてせき止める

水があふれるので友だちが長い板を持ってくる

最も水圧の強い場所に板をかます

ものの色を活かす

透明の容器に水を入れる

砂を少しずつ入れて色の変化を試す

「コーヒー牛乳みたい」と喜ぶ

色が出るように、木切れで炭をつぶし、黒色の水にする

違う色をつくろうと、焚火跡の炭を集める

いい色になり満足そう

「コーラみたい」と、友だちと乾杯

二物の面の対比

木材、土、砂

木を並べ枠をつくる

友だちと土を枠に入れる

砂を集める

木の枠を広げる

土の隣に砂を置く

砂をきれいに敷き詰める

完成した場で遊ぶ

広がっていく水による異空間

石、土、水

1日目。水たまりを見つけ、穴を掘り始める

友だちが加わり、大きくしていく

壁を高くしていく

石で囲む。「小宮地温泉」と命名

竹筒に水を汲んできて、流す

水が流れないように、石でふさぐ

日をまたいで続ける。水が漏れないよう調節

もう一つの温泉づくり。穴を掘り、石を並べる

二つの温泉を合体させる

さらに温泉を拡大させていく

木を置いて顔をつくり、雪だるまに見立てる

96　5歳7ヵ月、5歳11ヵ月 他　小宮地保育園

掘る、入る、埋める

みんなで、穴を掘り始める

固いところには、水を入れて掘る

友だちに穴に入ってもらい、砂を慎重にかけていく

積む、重ねる、層をつくる

強度を確認しながら板を積み重ねる

乗降の板を立てかける

友だちも加わり、さらに積みあげる

他の遊び方を試す

完成したもので、みんなで遊ぶ

板と板の間に入り、細部を楽しむ

柔らかさ、重さ、硬さ

粘土、丸太

粘土を丸太に塗り、木の枝を使って表面をたいらにする

上にもう一つ丸太をのせる

上にたって重さをかける

粘土を運んだバケツを上にのせ、粘土で固定する

側面に団子を置いたり、木の枝を刺して飾る

バケツの上に木をのせて固定する

飾り付けた後、そのまま6日間、置く

6日後、オブジェを解体する

固まった土をほぐす

はがした土が割れた塊となる

木の枝でついて、丸太をはがす

ロックバランシング No.1

数人で石を並べたり、積んだりする

石を数えながら積んでいく

積んだ石の間に石を並べてつないでいく

仲間と協力してどんどん大きくする

「石の国ができた」と喜ぶ

鳥とのつながりを求めて

小枝、土、葉

友だちと棒で小枝や干草を沢山集める

鳥の巣のようになる

つくった鳥の巣を泥で木につけようとするが、干草がまとまらずくつかない

枝分かれしているところに慎重にのせる

巣に泥を加えて揉んで丸め、木にのせやすくする

「鳥の羽に似てるから喜んでくれる」と柔らかな花を見つけて差し込む

葛つるを木に巻き付けて、小鳥用のブランコをつくる

つるを引っ張って、小鳥がのっても大丈夫か何度も確認する

鳥が気づくように目印の看板をつける

積みあげる、形づくる、飾る

土、石、木の実、葉

いい土を土山から見つけ、
積みあげていく

土が少し傾き始めると、「いいこと考えた！
崩れないように石を置こう」と石で周りを
固定していく

途中、土が倒れそうになっても諦めずに、
倒れないようにバランスをとる

まつぼっくりや木の実、葉っぱ等を見つけてきて飾り付ける。
「何かお城みたいになってきた！」と黙々と木の実をつけていく

「すごいものができた！」と嬉しそうな表情

掘る、つなぐ、穴に水、広げる

土山、水、竹筒

赤土山に穴を掘り始める

友だちも集まり、さらに掘り進める

友だちと穴がつながる

友だちと穴をつなげようとする

竹筒に水を入れ、流し入れる

さらに深く掘り進める

それぞれの穴を、さらに広げていく

竹を使い、穴の周りを削る

開かれる視界を求めて

「もう一回登ろう」と下に降りて、
違う場所から登る

散歩先の小高い丘の上に登り、見晴らしの良さに
思わず「ヤッホー!」と大きな声があがる

ここからの見晴らしも良く保育者に手を振る

他の友だちも羨ましくなり、登りに来る

草をかき分け、登る

見晴らしがよく、登った上は別世界

登れた後、気持ちよくなり声があがる

火をおこす、火を囲む

芋、木、火、煙

サツマイモの収穫
みんなでツルを「よいしょ！よいしょ！」

大きなお芋が掘れたことを喜ぶ

園庭に石でかまどをつくり、焼き芋の準備

火がついて、もっと強い火にしようと空気を送る

火が消えないように

熱と煙を板でふせぐ

焼き芋の匂いを感じて楽しみに待つ

緻密な作業、確かな造形

大きなケーキをつくりたいと、土台からつくっていく

土台の上にもう一つ円をつくり重ねる

団子と星で飾り、横に砂でハートのケーキもつくる

ハートの2段目に砂をまぶす

ハートのケーキ3段と、大きな土のケーキにも砂をていねいにまぶす

中心に集約、空に向かう

土を集めて丸の形に整える

木の棒を周りに刺す

等間隔になるように刺す

木と土を交互にのせる

中心の土の上に木を積み重ねる

「太陽みたいだね」と喜ぶ

高く積みあげていく

長い木を立てる

「ロケット」と言い、ジャンプする

ロックバランシング No.2

石を積み出す

仲間が増える

うまく積みあがった塔を見て喜ぶ

出たり入ったりしながら、仲間と次々とつくり、並べていく

「石の門だ」と言って喜ぶ

集める、飾る、彩る

散歩で拾ってきた松ぼっくりや
枯れ葉を使って造形活動が始まる

水たまりをつくり、周りに松ぼっくりや葉っぱを置く

薄い葉っぱも少し埋めて立たせる

サザンカの花もとってきて飾り彩りが
きれいになる

水の上にも花びらをうかべる

松ぼっくりをならべる

2本3本と木の枝を立てていく

藁を積む、藁に埋もれる

稲刈り後の田。飼育ケースを置いて
「カニと虫の家にしよう」と藁をかぶせ始める

「もっと」と藁をのせてもらい運ぶ

別々に集めていた子どもも、一箇所に集め始める

「そろそろいいんじゃない」と、
飼育ケースを山から出すよう提案する

「宝さがしみたい」と見つけることを楽しむ

ケースを出した後の山に飛びのる

藁に埋もれる

落ち葉による異空間

木で押して落ち葉を運んでくる「お布団つくろう」

バケツでも集めて、さらに落ち葉は増えていく

寝転べるサイズになったか自分の体と比べてみる

あらためて寝転んで大きさを確かめたり、落ち葉の気持ちよさを味わう

朽ちた木の皮をむく

古木に、のったり香りをかいだり、
触れたりして親しむ

はがれやすい木の皮に驚き、
次々と皮をむく

「土みたい。」木が土に戻っていくことを感じる

「粉を分けてください。」木の皮を受け皿にして
木の粉を集める

「白い所はサラサラ、赤い所はしっとり。」感触の違いに気づく
「白い皮、鰹節みたい」

朽ちた竹から黒い粉を発見し、粉入れ役、竹支え役で粉を集める

「黒いから黒胡椒ね。」色からイメージして、
見立てる

園庭に持ち帰りごちそうづくり
木と土を加えて料理のアイデアが広がる

石の上で鰹節たっぷりのお好み焼きや
へしこの焼きそば料理が始まる

水流の面に働きかける

流れる水に触れる

葉っぱを水流に留めようとする

別の葉っぱで押さえてつけようとする

棒で押さえる

水流に留まった葉っぱを見せ合い喜ぶ

カメの住処をつくる

石を丸く並べ、カメの家をつくり始める

カメを中に入れる

水を入れてみる。異年齢児が集まる

更に広げて、横に友だちが穴を掘る

暑いので、木で屋根をつくろうと決める

異年齢児が集まりカメと遊ぶ

池にカメをいれて遊ぶ

協力して板を並べる

重力、慣性、抵抗の装置

板、丸太

1日目。家の1階部分、2階部分をつくる

2日目。2階部分に丸太を入れて、
斜めの板の上を転がす

3日目。丸太の転がし口に扉をつける

転がしてみる

丸太が転がる板につなげて、ハシゴのようなもの
をつくる

転がり落ちた丸太が、
反動で返ってくるように仕組みをつくる

4日目。丸太が横に出ないように両端に壁をつくる

ドミノもつくる

5歳8ヵ月、6歳1ヵ月 他　ののはな保育園　115

地上絵をつくる

並べながら、何の形にしようかと
考えをまとめる

目の部分に石を置く

イメージがはっきりとしてきて作業がはやくなる

「鳥が見る絵」をつくろうと相談。男の子が高所から確認する

「魚の形」ができあがり、友だちも刺激を受ける。
「明日みんなでしよう」と相談する

「園庭の土と石が似た色だか
らわかりづらいかもしれない」
と考える。

石の囲いからはみ出さないよ
うに丁寧に土をまく

丸太と板でつくったユンボで場を固める

鳥が空を飛びながら見るための絵

壁を建てる、屋根を葺く

角材、板

角材を並べる

板をあてて高さがそろっているか確認する

2日かけて高さのそろった6段の壁をつくる

屋根が垂れた所に木を積んで柱にして支える

板を斜めに置き、交互に重ねていく

屋根にする板を運ぶが、壁と壁の幅に板の長さが届かないことに気づく

屋根の頂上は隙間を空けて段をつくる

隙間に短い板を置き、瓦葺きに見立てる

「きれい。」屋根の隙間から光が差し込む

クラス10人＋担任1人が入れる大きな家

水による異空間の創造

角材、土、水

「温泉をつくろう」と遊び始める

角材と角材とを土でつなぎ、組み合わせる

どんどん広げていく

水を運んできて入れる

角材の隙間を土で埋めていく

「水が出ているから」と、漏れるところを土で埋める

「温泉できたね」

できた温泉に入る

ダンゴムシの住処をつくる

ダンゴムシの家をつくり始める

部屋を増やし、トンネルや隠れ場など住みやすい所をつくる

ダンゴムシが逃げないように壁を高くつくっていく

木材や石を使って部屋を広げていく

花や葉っぱで部屋を飾る
動き回るダンゴムシをじっと見る

家に水をひく

1日目。木片を地面に立て、その周りに
様々な形状の木片を配置する

「お風呂をつくろう。」地面に設計図を描く

土をならして、設計図に沿って角材を配置する

連ねた竹を土で固定する

家の風呂に水をひくために、水道に竹を
配置し、木片で固定して安定する場所を探る

2日目。水を流してみると、漏れたり、
竹が不足することに気づく。竹の位置
を変え、土で堰をつくる

水道から、つくった家に向かって堰を連ねる

水道から水を流すが勢いが足らない
容器に溜めて流したり、土を掘って流れやすくする
翌日も水を流して遊ぶ

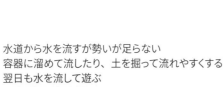

他児が加わり、家の近くまで堰を繋ぎ続ける。風呂に水が流れるように調整する

柱を支点に家を建てる

家の中にテーブルをつくる

木を積みあげて屋根をつくっていく

隙間ができないように、
木の長さを気にするようになる

石の窓をつくる

木の合間に藁を挟み込みカーテンにする

木を積みあげた上に藁を被せる

絵の制作のプロセス

この章には、子どもが思うように描いた絵＝自由画82点の制作プロセスを年齢毎に掲載しました。子どもたちが描きたいときに描きたいように描いた素晴らしい絵は、子どもたちの生きる喜びがあふれ、いのちが輝き私たちに感動を与えてくれます。

絵を見る時、まず絵全体が与える印象を大事にします。そして、ストロークの伸びやかさや面の強さから好奇心や意欲を読み取ります。また、使われている色彩や有機的・無機的な形、求心的・離散的な構成、余白を含めた空間構成から意図や感情など、一つひとつを丁寧に読み取ります。音など目に見えないものや触れて感じた触感など五感が視覚化されたことにも気づきます。絵を見ることは、一人ひとりの子どもたちが表わす世界に対峙することです。絵の描かれたプロセスを想像して、その子どもになりかわってその絵の中に入り込むのです。

というものの、完成した絵を目の前にするだけでは、プロセスを想像することは容易ではありません。本書のように、絵の制作のプロセスの記録を見ることで、どのように描き始め、どのように仕上がっているのか具体的にわかり、絵の読み取りを助けてくれます。プロセスを追うと、子どもたちが迷い、イメージを膨らませていく姿が絵の中に浮かびあがってきます。

豊かなプロセスが営まれるためには、描きたいものを描きたいように自由に描けるという基本が大切です。

自由画は、テーマを決めず、技術指導をせず、見守り寄り添い認めて励ますことが原則です。テーマを決めないとは、子ども自らがテーマを持つことであり、豊かな遊び＝生活体験から深い感動を手にしていることが前提です。技術指導をしないことは、小器用な技に走らないで創造性を大事にすることです。見守り寄り添い認めて励ますことは、子どもの主体性を尊重し、待ちの保育に徹することです。

絵の制作の場合、事前準備は具体的です。早い子どもでは、砂場で手を使って大きな痕跡を印すなどの遊びに取り組むようになる8〜9ヵ月を迎えれば、画用紙と絵の具を準備します。その時、子どもにまかせ、いやだとの意思表示があれば離します。本書に掲載された絵のプロセスを見ればわかりますが、気がのった子どもは、絵の具を手や体に塗って遊び出し、床や画用紙に点や線を描き出します。いかなる展開にも口出しせず、寄り添って好きなように描くのを見守ります。

人類は、岩肌や地上に、また、壁面や天井に伸び伸びと絵を描いてきました。しかし、それらの絵を切り取る形で置き換わる方形の白い画用紙を目の前にすると誰しも緊張します。そのことを十分に考慮して緊張を和らげてあげなければなりません。水彩絵の具を用いることも、子どもたちが好む水との遊び、泥土との遊びの延長として取り組みやすく、水彩筆もクレヨンなどと違い色面を安易につくり、混色もや

りやすく、感情表現に適しています。描き始めの頃、子どもたちが絵を描くことが楽しい、好きだとの思いを心に刻めるように細心の配慮が求められます。

　0歳からの活動では、シートを敷くなど準備して、自由に動き画用紙の上下左右から描けるように、床や机など選択可能な場に画用紙をセットします。適度に溶いた絵の具を絵皿に小分けし、どの色で描くか問いながら手渡すなど、子どもの意思を確かめながら対応します。

　1歳を迎えれば、指、手とともに筆も使い始めます。絵を描くことに誘い、「描きたい」と応えれば、準備をして、子ども一人ひとりの状況に応じて対応します。生活の中で、友だちや他者の存在を意識し出すと2色を使うので、少なくとも、白、黒、赤、青、黄の5色を準備します。画用紙の上下を意識し始めたら、画用紙の向きを尋ねたり、画面に角度をつけたりして（幼児後半にはイーゼルを使うことも）、子どもが最大限に力を発揮できるよう配慮します。

　2歳になれば、事前準備以外の口出し手出しは一切なく、子どもの思うままです。線を集めた面ができていきます。ストロークにも勢いが出て、曲線も描き出します。友だちとの遊びを体験すると、混色が始まります。

　3歳になれば、絵の具の準備以外は、ほとんどを自分でやることになります。絵の具は、すべての色を準備できればよいですが、少なくとも、白、黒、赤、青、黄、茶、緑の7色ぐらいが必要

です。昼と夜のしくみが身体的装置として組み入れられると、白色と黒色を効果的に使うようになります。また、画用紙からのはみ出しも少なくなり、画面を意識して、描き加えながら、具象的な絵から精神的な抑圧を発散する表現主義的抽象へと進むプロセスが多く見られます。一方、身体的な発達とともに力強くなるアクション画から離れ、感じたことや体験したことにつなげた表現も盛んになります。

　4歳になれば、描きたいものをはっきりさせて描き進めていきます。表現主義的、超現実主義的、構成主義的、写実主義的などと分類できる絵が多くなります。また、具象的な絵から超現実主義的な絵へと、描きながら変化していくプロセスも見られます。自由になればなるほど、抽象画が生み出されます。そして、構成的な抽象画も見られるようになります。

　5〜6歳になれば、外界と内なる世界を統合させて、テーマも色彩の選択も明快で、描かれる形と色彩が調和して、着実なプロセスをたどります。人類が、長い絵的思考の中で獲得してきている多様な絵画表現に、子どもたちが無意識で深く分け入り、自らのイメージで自らが求める表現をフィットさせて、自らの世界をつくりあげているのです。

　絵的思考の中に生きて、絵を描くように仕組まれている天才アーティストと呼ばれる子どもたちが生み出す絵の魅力を、プロセスを追いながら感じとってください。

光輪保育園

上ノ原和花　1歳1ヵ月

おののもりこども園

西原奈那　1歳2ヵ月

緑川保育園

冨永まい　1歳5ヵ月　　　論田ひまわり保育園

山﨑千暖　1歳2ヵ月　　　べっぷ里山こども園

野頭美月　1歳4ヵ月　　　　　　　三宅保育所

西田日菜　1歳7ヵ月　　　　　　　べっぷ里山こども園

濱田リアム　1歳5ヵ月

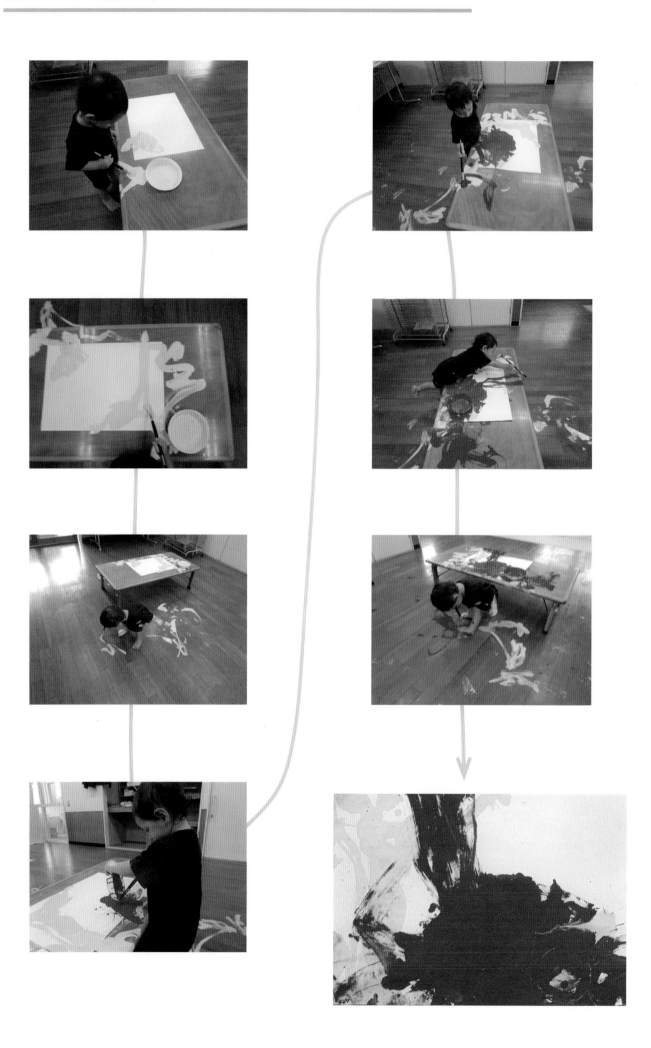

大矢野あゆみこども園

128

大野保育園

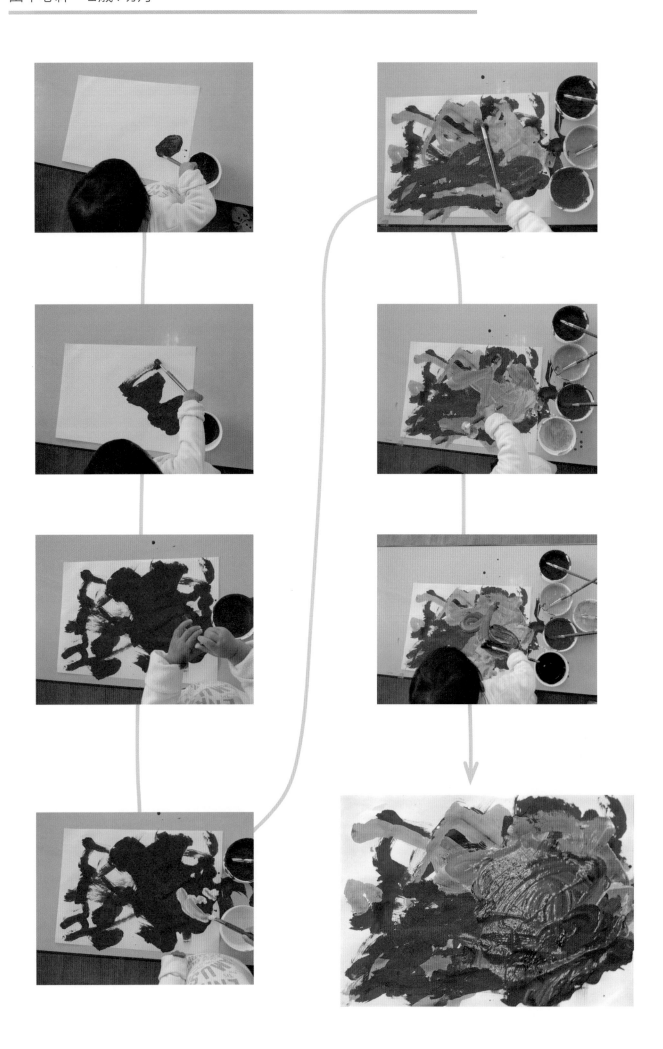

森川達貴　1歳9ヵ月　　　もぐし海のこども園

稲田乃愛　1歳11ヵ月　　　光輪保育園

村上玲暢　2歳1ヵ月 阪谷保育園

加藤李都　2歳2ヵ月 おののもりこども園

泉陽菜　2歳1ヵ月

大矢野あゆみこども園

平野咲希　2歳5ヵ月

大中保育園

高山凛　2歳6ヵ月　　　　　　まくらざき保育園

2歳児　　　　　　みぞみ保育所

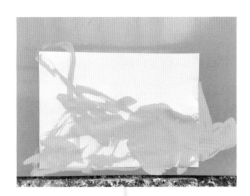

135

大山翔奏　2歳4ヵ月 済生会松山乳児保育園

髙木柚希　2歳7ヵ月 緑川保育園

大山翔奏　2歳4ヵ月 済生会松山乳児保育園

髙木柚希　2歳7ヵ月 緑川保育園

守口心都　2歳10ヵ月

大矢野あゆみこども園

2歳児

光輪保育園

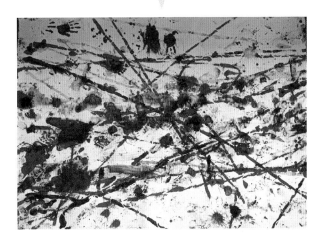

両村瑠晟　2歳7ヵ月　済生会松山乳児保育園

富﨑詩　3歳1ヵ月　論田ひまわり保育園

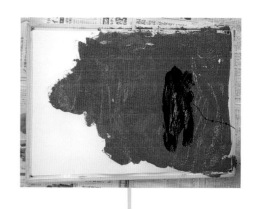

古市風唄　3歳1ヵ月
和泉保育園

藤井旺利　3歳2ヵ月
わかば保育園

藤井旺利　3歳2ヵ月

宮田佳弥　3歳2ヵ月

済生会松山乳児保育園

山口日菜乃　3歳5ヵ月

気山保育所

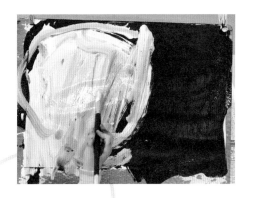

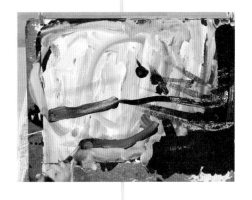

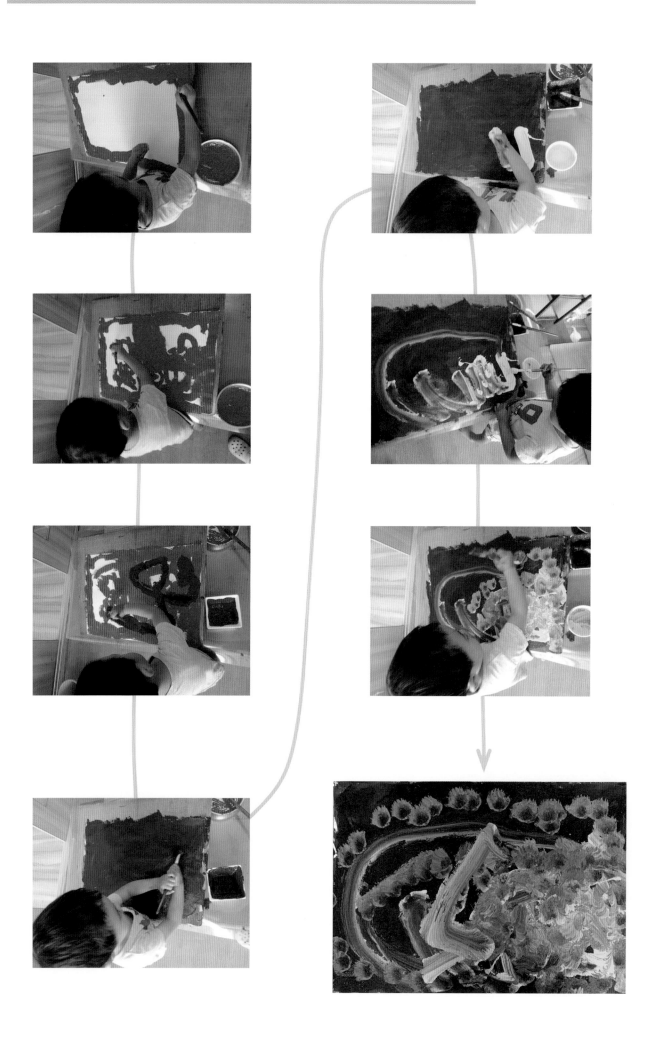

矢野愛晴　3歳4ヵ月

中林由葵　3歳7ヵ月

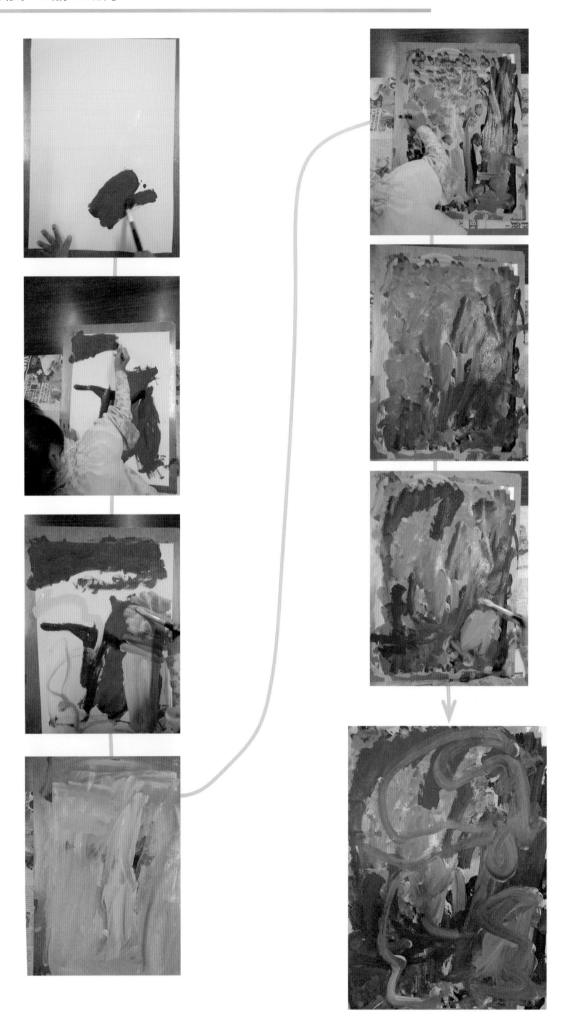

山村千紘　4歳0ヵ月　　　　阪谷保育園

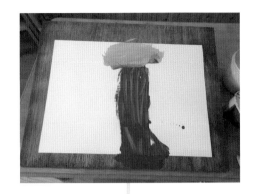

石畠羽菜　4歳4ヵ月　　　　かもと乳児保育園

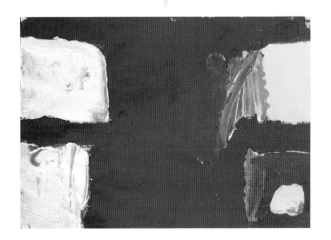

吉川詩　4歳4ヵ月　　とばっ子保育園

平道渉夢　4歳4ヵ月　　小宮地保育園

山口結衣　4歳8ヵ月　まくらざき保育園

岩本穂乃花　4歳7ヵ月　緑川保育園

山口結衣　4歳8ヵ月　まくらざき保育園

岩本穂乃花　4歳7ヵ月　緑川保育園

南りりか　4歳11ヵ月
荒島保育園

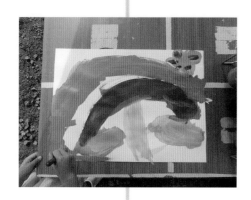

富田晴太　4歳11ヵ月
稲光園

橋詰周吾　5歳1ヵ月

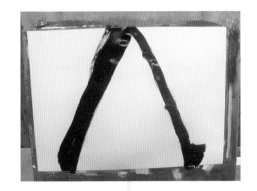

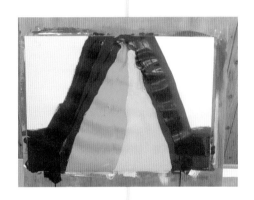

大谷真尋　5歳1ヵ月

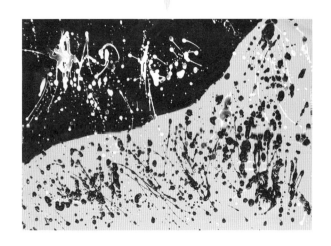

153

川端一晟　5歳2ヵ月

鈴木大一朗　5歳3ヵ月

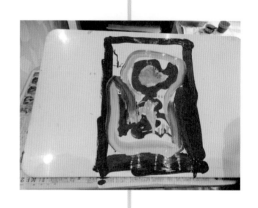

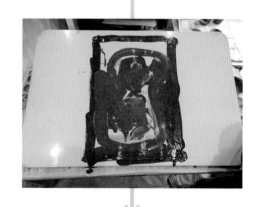

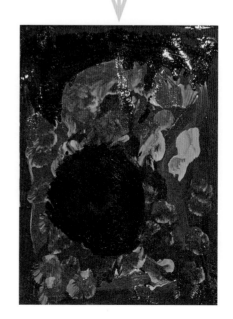

前川葵衣　5歳4ヵ月

気山保育所

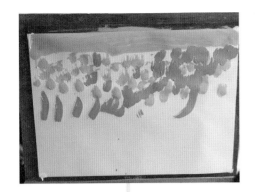

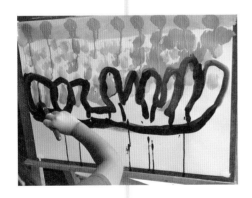

米満愛奏　5歳3ヵ月

光輪保育園

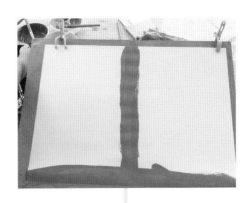

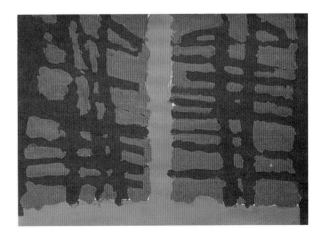

三木葵愛　5歳3ヵ月　　　　　三宅保育所

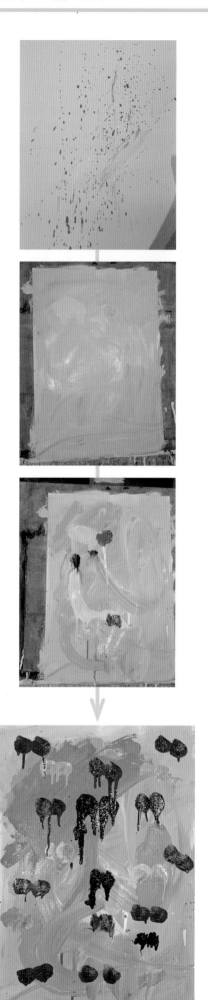

守田妃織　5歳4ヵ月　　　　　光輪保育園

河原陽菜　5歳6ヵ月
ののはな保育園

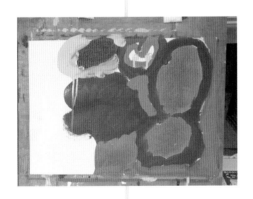

西田和心　5歳11ヵ月
緑川保育園

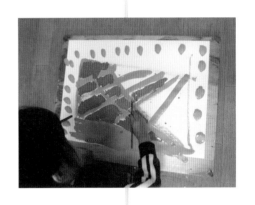

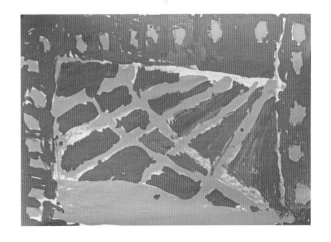

倉内悠利　５歳９ヵ月　おののもりこども園

倉内悠利　５歳９ヵ月

向山幸穂　５歳１０ヵ月　大矢野あゆみこども園

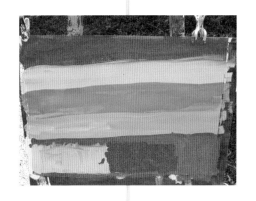

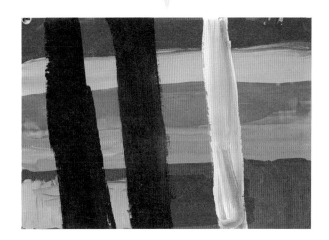

向山幸穂　５歳１０ヵ月

岡本千輪　5歳11ヵ月　　わかば保育園

髙木麻梨菜　5歳11ヵ月　　緑川保育園

岡本千輪　5歳11ヵ月　　わかば保育園

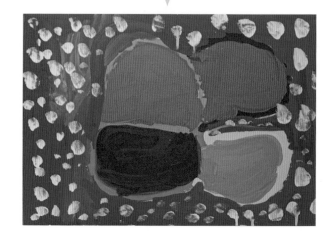

髙木麻梨菜　5歳11ヵ月　　緑川保育園

久保奏依　5歳5ヵ月　　　　

小出陽詩　6歳1ヵ月　　　　

上村紗羅　6歳2ヵ月

宮本葵　6歳2ヵ月

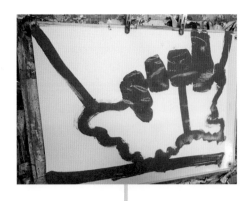

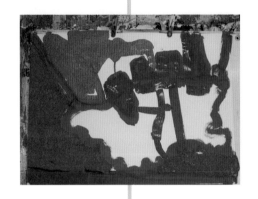

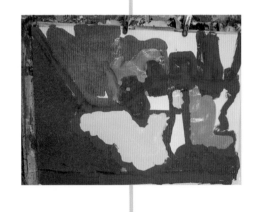

宮本葵　6歳2ヵ月

楠春珈　6歳4ヵ月

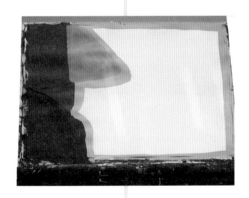

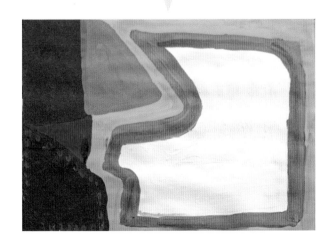

楠春珈　6歳4ヵ月

宮下舷　6歳3ヵ月

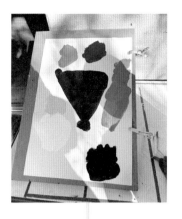

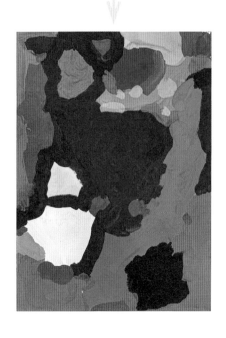

前川葵衣　6歳0ヵ月   気山保育所

白澤獅恩　6歳3ヵ月   べっぷ里山こども園

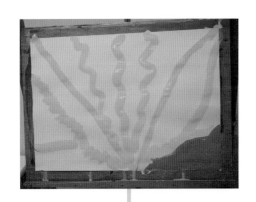

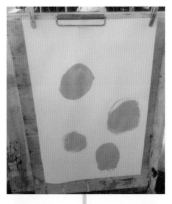

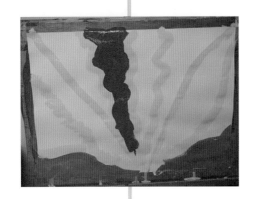

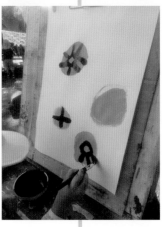

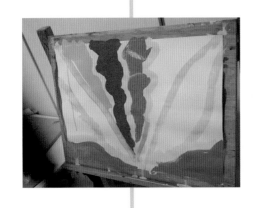

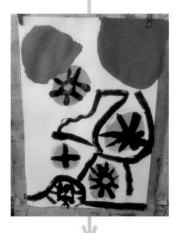

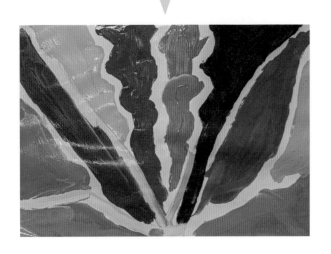

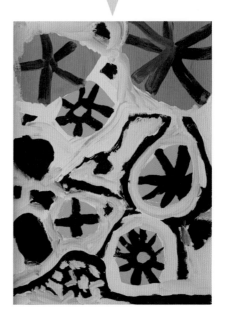

 164

黒瀬楓香　6歳0ヵ月　　　おののもりこども園

俵積田栞吏　6歳0ヵ月　　　まくらざき保育園

山﨑陽夏　6歳4ヵ月 　　　大矢野あゆみこども園

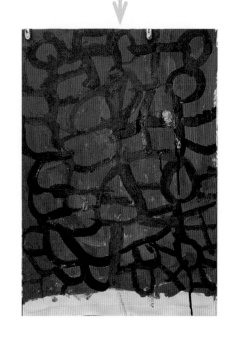

徳留加帆　6歳3ヵ月 　　　緑川保育園

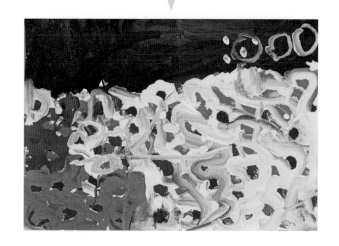

橋本怜花　6歳3ヵ月 　　　三宅保育所

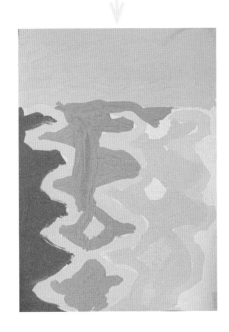

中島想　6歳6ヵ月 　　　緑川保育園

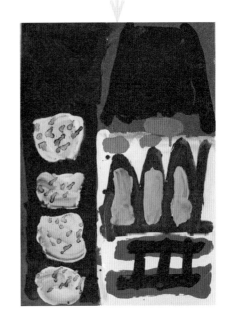

松本萌依　6歳8ヵ月

松本月恋　6歳5ヵ月

藤島さくら　6歳6ヵ月

大矢野あゆみ保育園

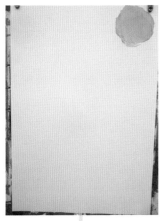

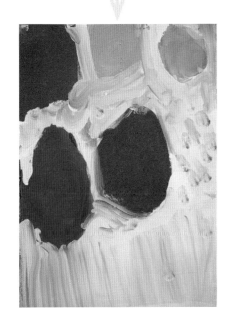

有薗杏　6歳4ヵ月

おののもりこども園

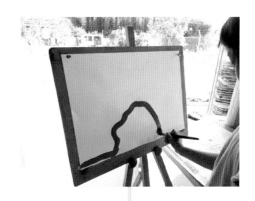

1年間の絵のプロセス

この章には、前章「絵の制作のプロセス」で取りあげた絵を描いた子どもの中から、3名の8ヵ月間から1年間に制作した絵を抽出して並べました。3人とも多くの絵を描いていますが、紙面の都合で、すべての絵をお見せできないのが残念です。

子どもたちは、驚くほどに多くの絵を制作します。「絵を描きたい」と言って白い画用紙に向かい、描きあげると「おわった。もういちまい」と次の画用紙を求めます。4～5歳児になると、1回で10枚におよぶ子どももいます。月に1回描いたとしても100枚を超えます。絵を描くことが好きな子どもは、2回、3回と描きます。一方、遊びに夢中になって絵を描くそぶりすら見せない時もあります。同じ子どもでも波がある場合があります。

1回に描いた絵を並べて、順次見ていくと、その時の子どもの心の動きを読みとることができ、その子どもの性格を知る助けにもなります。また、何ヵ月間の絵をすべて並べることで、その間の育ちを絵から読みとり確認することができます。

和田さんによる3歳4ヵ月～4歳3ヵ月の絵では、自然を捉えた大まかな構図からスタートして、黒色を用いて明確化を図っています。6ヵ月を経た3歳10ヵ月の絵は、具体性を帯びながら強い表現となっています。その後、軽やかな動きが加わって、伸びやかな絵を生み出しています。（3歳10ヵ月の絵のプロセスはp.147）

藤島さんによる5歳7ヵ月～6歳7ヵ月の絵では、外界をきらめく世界として構成的に描く表現と、外界の世界の出来事を具体的に描く表現の2種類を生み出しています。6歳5ヵ月で雷を具体的に描き、その後の6歳6ヵ月に、具象と構成が一体化した見事な絵を生み出しています。（6歳6ヵ月の絵のプロセスはp.169）

有薗さんによる6歳0ヵ月～6歳7ヵ月の絵では、外界の現実を自分の中に取り入れて、自分なりにつくる物語の世界をつくり出しています。その中で、6歳4ヵ月から6歳6ヵ月に至る3枚の絵は、人間と風景を組み合わせた超現実主義的なおもしろい絵です。（6歳4ヵ月の絵のプロセスはp.169）

3人それぞれに表現主義的、構成主義的、超現実主義的な表現方法を得意としながら、1枚1枚の絵もまた、表現主義的、構成主義的、超現実主義的、写実主義的な表現方法、あるいは重複したものなど多種多様な表現が見られます。子どもの美術と現代の美術は奥深い地点でつながっている不思議さを感じるとともに、美術そのものの楽しさ、魅力が深まってきます。

こうして3人の約1年間の歩み・プロセスを見てきますと、子ども1人ひとりの個性が明確で、自分の世界を拡げ深めてきているのがわかります。絵は、子どもの心と育ちを語ってくれるのです。

3歳4ヵ月

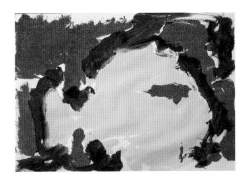

3歳5ヵ月

3歳6ヵ月

3歳7ヵ月

3歳9ヵ月

➡ p.147
3歳10ヵ月

3歳11ヵ月

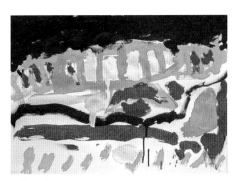

4歳3ヵ月

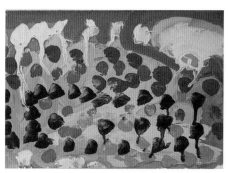

5歳7ヵ月

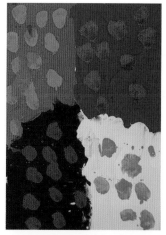

6歳3ヵ月

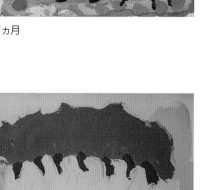

5歳11ヵ月

6歳5ヵ月

6歳0ヵ月

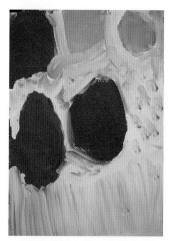

➡ p.169

6歳6ヵ月

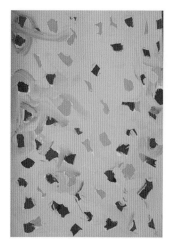

6歳1ヵ月

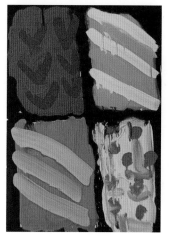

6歳7ヵ月

6歳0ヵ月

6歳4ヵ月　➡ p.169

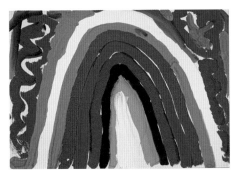

6歳1ヵ月

6歳5ヵ月

6歳2ヵ月

6歳6ヵ月

6歳3ヵ月

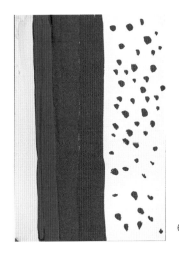

6歳7ヵ月

本書までのプロセス あとがきにかえて

2011年に〈子ども美術文化研究会〉を設立し、その2年後に新宿・四谷のランプ坂ギャラリーで『第1回 いのちかがやく子ども美術展in TOKYO』を開催して、はや10年を迎えました。

第1回展では、子どもたちが自由に描いた絵を月齢順に、遊び＝造形活動等の写真を素材別に、縦軸を発見、拡げる、深める、共に遊ぶとして、横軸を「行為による造形活動」、「状態による造形活動」、「配置・配列による造形活動」、「構成による造形活動」、「場による造形活動」の5つに分類して表になる形で展示しました。そして、回を重ねる毎に、自由画、造形活動の写真にプラスして、遊び＝造形活動の動画、表現主義的、超現実主義的、構成主義的、写実主義的等に分類した自由画、遊び＝造形活動のプロセス、自由画の制作プロセスなどを解説テキストとともに展示してきました。

また、今日までの研究実践の成果としては、「いのちかがやく子ども美術展 in TOKYO」の開催以外に、『子どもが生み出す絵と造形―子ども文化は美術文化』(エイデル研究所、2012年)を発行し、37園が参加した作品集『いのちかがやく子ども美術展 in WAKASA 2019 絵と造形活動』(熊川宿若狭美術館刊)を発行しました。引き続き、30園が参加した「第8回 いのちかがやく子ども美術展 in TOKYO 2020」がコロナ禍によって開催できなかったために、作品集『いのちかがやく子ども美術展 in TOKYO 2020 誌上展覧会』を発行しました。このように、日々の保育実践・研究、研修会の成果としての美術展の開催とともに作品集などを編纂するプロセスを経て本書はできあがりました。

本書は、美術展に展示しました自然体験や自然素材との遊び＝造形活動のプロセス、および絵の制作のプロセスの反響が大きく、その後の各園での実践から写真に残すことができた資料を持ち寄り編集したものです。子どもたちが取り組む自然体験や自然素材との遊び＝造形活動、絵の制作に立ち会っていなければ見ることのできないプロセスを、臨場感をもって追体験できます。

子どもたちのいのち輝く造形表現に分け入り、子ども理解を深めることによって、保育の現場や保育姿勢を見つめ直す契機になれば何より嬉しいことです。今後より一層、子どもたちの造形表現の研究実践を積み重ねたいと決意しています。

最後になりましたが、写真の掲載をお許しくださいました保護者のみなさま、実践・研究の発展のために日々の保育に忙しい中、多くの記録資料を提出してくださいました園関係者さま、今回の出版にあたって企画、編集にご協力くださいました郁洋舎の長谷吉洋氏に心から感謝申しあげます。

実践記録提供施設

かもと乳児保育園
熊本県山鹿市

稲光園
熊本県山鹿市

大野保育園
熊本県玉名市

光輪保育園
熊本県熊本市

緑川保育園
熊本県宇土市

大矢野あゆみこども園
熊本県上天草市

小宮地保育園
熊本県天草市

もぐし海のこども園
熊本県天草市

べっぷ里山こども園
鹿児島県枕崎市

まくらざき保育園
鹿児島県枕崎市

おののもりこども園
鹿児島県南九州市

ひまわり保育園
徳島県徳島市

藍住ひまわり保育園
徳島県板野郡

論田ひまわり保育園
徳島県徳島市

杉並ひまわり保育園
東京都杉並区

済生会松山乳児保育園
愛媛県松山市

大中保育園
岐阜県郡上市

岡保こども園
福井県福井市

あかね保育園
福井県大野市

阪谷保育園
福井県大野市

荒島保育園
福井県大野市

和泉保育園
福井県大野市

とばっ子保育園
福井県三方上中郡

三宅保育所
福井県三方上中郡

わかば保育園
福井県三方上中郡

ののはな保育園
福井県三方上中郡

みそみ保育所
福井県三方上中郡

中央保育所
福井県三方上中郡

気山保育所
福井県三方上中郡

編　者
子ども美術文化研究会

特定非営利活動法人子ども美術文化研究会。保育改革と創造美育活動に取り組んできた全国各地の保育施設や教育・美術関係者等が2011年に設立。"子ども文化は美術文化"との認識を共有しながら、自然との関わりを重視した自由な環境のもと、子どもを主体とする保育を目指して、遊び＝造形活動と絵の制作活動に積極的に取り組んでいる。

本書の編集委員
嵯峨淳心　佐々木法爾　千原絢　福岡英人　福岡啓充　山田敬史

監修者
長谷光城

1943年生まれ。多摩美術大学絵画科卒業。現代美術作家として活動し、第5回北美大賞、第16回現代日本美術展大賞を受賞。福井県で小中高の教員として勤務、県立高校長、県教育審議監を歴任。「小浜美育の会」結成以来、子どもの美術を研究。本書のテキストの執筆を担当。

装幀
野田和浩

子どもの造形表現のプロセス：自然素材との遊びと絵

2022年12月12日　初版　第1刷発行

編　者　　子ども美術文化研究会
監修者　　長谷光城
発行人　　長谷吉洋
発行所　　株式会社 郁洋舎
　　　　　神奈川県鎌倉市七里ガ浜東 3-16-19
　　　　　TEL.0467-81-5090　FAX.0467-81-5091
ISBN　　　978-4-910467-10-8